National
Museums
Scotland

Anither Hantle o Verse

Poems in Scots for Children

Compiled by Bette Boyd

*Also available from NMS Enterprises Limited – Publishing,
the companion volume:*

A Hantle o Verse: Poems in Scots for Children
Compiled by Bette Boyd and Michael Elder

Published in 2008 by
NMS Enterprises Limited – Publishing
a division of NMS Enterprises Limited
National Museums Scotland
Chambers Street
Edinburgh EH1 1JF

Publication format © Bette Boyd
and NMS Enterprises Limited –
Publishing 2008.

Poetry text © as credited.

Images © as credited (see page 6).
Sourced from the Scottish Life Archive,
part of National Museums Scotland.

ISBN 978 1 905267 19 4

**British Library Cataloguing in
Publication Data**
A catalogue record of this book
is available from the British Library.

Cover design by Mark Blackadder.

Internal layout by NMS Enterprises
Limited – Publishing.

Printed and bound in Slovakia
by Tlačiarne BB.

For a full listing of NMS Enterprises
Limited – Publishing titles and related
merchandise:

www.nms.ac.uk/books

Contents

Acknowledgements

The author would like to thank Lizzie McGregor and Julie Johnstone of the Scottish Poetry Library and James Robertson of Blethertoun Braes for their assistance in tracing the copyright holders of the poems contained within this book. Grateful thanks are due to Kate Thuillier for her help in proof-reading the poems, and to Lesley Taylor and Marián Sumega at NMS Enterprises Limited – Publishing for their unstinted patience in guiding the author through the publication process.

The publisher would like to thank the following for permission to reproduce copyright material: The Trustees of the National Library of Scotland for 'The Vaunty Flee', 'Bed-time', 'The Gowk' and 'The Sark' by William Soutar, reprinted from *Poems: A New Selection* edited by W. R. Aitken (Edinburgh: Scottish Academic Press, 1988) and from *Seeds in the Wind* (Grant & Murray, 1933); Maurice Lindsay for 'Hurlygush' from *The Edinburgh Book of Twentieth Century Scottish Poetry*, edited by Maurice Lindsay and Lindsay Duncan (Edinburgh University Press, 2006), © Maurice Lindsay; James Robertson for 'The Twa Cuddies' from *The Thing That Mattered Most* (Scottish Poetry Library/Black & White Publishing), © James Robertson; Lizzie Meldrum for 'It Wisnae Me' and 'The Goal', © Lizzie Meldrum; Christine De Luca for 'Sam but different' from *Parallel Worlds* (Edinburgh: Luath Press), © Christine De Luca; Alan J. Byatt for 'Treasure Trove', 'The Fiddler' and 'Wee Jock Todd', the poems of Marion Angus from *Voices from Their Ain Countrie* (Association for Scottish Literary Studies), © Alan J. Byatt; F. W. Cruickshank for 'The Wishin' Well' by Helen Burgess Cruickshank, reprinted from *The Edinburgh Book of Twentieth Century Scottish Poetry*, © F. W. Cruickshank; The Scottish Language Dictionaries for 'Crocodile' and 'Heron' (Mercat Press); 'Street Talk' reprinted from *The Kist/A'Chiste* (Thomas Nelson and Sons Ltd); 'Easter Egg' from *Sing it Aince for Pleasure* (Macdonald Publishers); Sheena Blackhall for 'Spik o the Lan' from *Spik o the Lan*, and 'The Skyscraper Faimly' from *Blethertoun Braes* (Itchy Coo, 2004), © Sheena Blackhall; Anne Armstrong for 'Cat Food Rap' from *The Thing That Mattered Most*, © Anne Armstrong; Malcolm U. L. Hutton for 'The Wild Geese', 'The Lad i the Mune' and 'The Poacher to Orion' from *Voices From Their Ain Countrie*, © U. L. Hutton; Marion Keys for 'A Dug A Dug,' by Bill Keys reprinted from *The Scottish Reciter* (The Blackstaff Press), © Marion Keys; Janet Paisley for 'Bert: Diggin in' from *Ye Cannae Win: Monologues* (Chapman Publishing, 2004), © Janet Paisley; John Mackie for 'The Young Man and The Young Nun' by A. D. Mackie, reprinted from *A Scots Handsel* (Oliver & Boyd, 1980), © John Mackie; F. W. Hunter for 'The Wishin Well' by Helen B. Cruickshank from *The Edinburgh Book of Twentieth Century Scottish Poetry*, © F. W. Hunter; John Bulter for 'Shetlandic' by Rhoda Bulter from *Link-stanes* (The Shetland Times Ltd, 1980), © John Bulter; David Abenheimer for 'Speerin' by Willa Muir from *Scottish Verse, 1851–1951*, © David Abenheimer; Liz Niven for 'Feart' from *The Thing That Mattered Most*, © Liz Niven; Ali Christie for 'Bingo', first published in *Blethertoun Braes*, © Ali Christie; John Rice for 'Dreamscape at Bedtime' from *Scottish Poems* (MacMillan Children's Books, 2001), © John Rice; Tom Bryan for 'Rain' from *The Thing That Mattered Most*, © Tom Bryan; Carcanet Press for 'Bubblyjock' from *The Scottish Reciter*, and 'Hungry Waters' from *A Scots Handsel* by Hugh MacDiarmid.

Every effort has been made to trace holders of copyright, but in a few cases this has proved impossible. The publisher would be interested to hear from any copyright holders here not acknowledged.

Picture Credits

No reproduction of material in copyright is permitted without prior contact with the publisher. Acknowledgements for use of source material and photographs within this publication are as follows:

COVER
A holiday camp chorus, c.1950s. (© ROBERT McLEOD/ TRUSTEES OF THE NATIONAL MUSEUMS OF SCOTLAND)

CLISHMACLAVERS
Ian Graham of Edinburgh making friends with local girls in Slamannan, Stirlingshire, 1921. (© DR C. W. GRAHAM/TRUSTEES OF THE NATIONAL MUSEUMS OF SCOTLAND)

NICHFA
Hogmanay guisers, Auchterless, Aberdeenshire, 1959. (© ALEXANDER FENTON/ TRUSTEES OF THE NATIONAL MUSEUMS OF SCOTLAND)

SPEERIN'
Miss Menzies of Larchgrove House, Balerno, early 1990s. (© J. TWEEDIE/TRUSTEES OF THE NATIONAL MUSEUMS OF SCOTLAND)

CHIELS
Donald MacDonald, Kinagarry, Arisaig, c.1910. (© MARY ETHEL MUIR DONALDSON/TRUSTEES OF THE NATIONAL MUSEUMS OF SCOTLAND)

WIDDER
Washing day, Glen Fyne, Argyllshire, 1880s. (© TRUSTEES OF THE NATIONAL MUSEUMS OF SCOTLAND)

TRAIVLIN
Miss MacLeod on motorcycle belonging to local headmaster Mr Rennie, Tong, Lewis, 1920s. (© TRUSTEES OF THE NATIONAL MUSEUMS OF SCOTLAND)

SENNACHIE
82-year-old James Thomson c.1955, one of two surviving boys who joined the Boys' Brigade on the day it was launched (4 October 1883), with his ten-year-old grandson, about to pass from the Life Boys to the Boys' Brigade. (© SCOTTISH NEWS FEATURES AND PHOTO SERVICES LTD/TRUSTEES OF THE NATIONAL MUSEUMS OF SCOTLAND)

WIR LEID
Clay-modelling in the Infants Department, Drummond Street School, c.1914. (© TRUSTEES OF THE NATIONAL MUSEUMS OF SCOTLAND)

6

Foreword

Anthologies come in many forms. There are those which are, in effect, reference books; those which exemplify a literary period of particular cult; and those whose sole aim is simply to delight. The anthology *A Hantle o Verse* edited by Bette Boyd and Michael Elder, which came out a number of years ago, while certainly intended to delight, also exemplified the continuing strength of the Scots language, whose imminent demise is constantly being prophesied. This, its successor, *Anither Hantle o Verse*, edited by Bette Boyd, continues the same laudable aim and will, most certainly delight. It should be in every school library – and, indeed, adult library – in Scotland, for there is not a bad poem within its covers. There is a variety of delights for readers of all ages, and for which all poetry-lovers should be grateful, showing once again that the 'guid Scots tongue' is not deid yet – and not by a long way!

Maurice Lindsay

Preface

I have tried to maintain the strict rules under which the first book, *A Hantle o Verse*, was compiled, the main one being that all the poems are in Scots. This does mean that some of our greatest poets cannot be represented, either because they do not generally write in Scots or they do not write for children. This is a pity. However, these poets are very well represented in other anthologies.

I hope that in the classroom, teachers find this anthology a tool from which to teach, either in encouraging the children to learn some of the poems, to use them for group speaking, sharing a poem as a dialogue ('Poussie-cat' makes a good starter), or just to enjoy meeting them. The pictures have been chosen with some care as a possible base for dialogue and discussion, to help children to give considered comment and opinion. You might like to try a discussion in Scots!

Most of all, however, this poetry book has been put together to give delight to all ages, both young and old alike.

Enjoy the book.

Bette Boyd

Clishmaclavers

It Wisnae Me

It wisnae me
that opened the windae
an let oot the parrot
tae flee tae the wa
an there tae sit
lookin aw roon
an cawin oot lood,
'Wha's a clever wean then?'

Wha wis it
took some seed
an stood at the wa
an held oot a han
tae coax him doon
an cairry him hame?
'Wha's a clever wean then?'
Aye, that *wis* me.

Lizzie Meldrum

Pussie at the Fireside

Pussie at the fireside,
　　Suppin' up brose,
Doon cam a cinder
　　An' brunt Pussie's nose
"Eich!" cried Pussie,
　　"That's nae fair!"
"It's a haet," cried the cinder,
　　"Ye sudna been there."

Anon

Wild Geese

Here's a string o' wild geese,
Hoo mony for a penny?
Ane tae ma lord,
An ane tae ma leddy;
Up the gate and doon the gate,
They're a floun frae me.

Traditional

The Goal

Ah scored a goal the day,
The last yin o the match.
We wis nearly bate till
Angus pit yin in an squared us.

Then Hamish sent a corker
An it stotted aff ma heid
An went fleein past the goalie
To the net.

The lads a crooded roon
And shouthered me up heich
'Ye've wan the cup for us,' they cried.
'Oor hero.'

Ma heid's sair.

Lizzie Meldrum

A Riddle

Yon laddie wi the gowdan pow
Sae braw in the simmer sun
Will wag a head as white as tow
Afore the year is dune.

The leaf will fa'; and the blustery blaw
That birls the leaf in the air
Will rive his linty locks awa
And lave him bell and bare.*

Traditional

* a dandelion

Row ta Boats ta Mailie

Row ta boats ta Mailie
Ship anunder sailie,
Row fast, row slow,
Brakk da boats at winna row,
At winna row ta Mailie.

Traditional (Shetland)

Date of Easter

First comes Candlemass
And syne the new meen.
The first Tuesday aifter that
Is the Fastern's Een.
That meen oot
An the neist meen licht
And the first Sunday aifter that
Is Pass nicht.

Traditional

Easter Egg

I've got a smashin Easter Egg,
The brichtest ye hae seen,
I'll tak it tae the Queen's Park
An' rowe it on the green.
I'll race it 'gainst the ither eggs
An' tumble doun the brae,
I warrant we'se hae lots o' fun
An' ploys on Easter Day.
An' when I'm tired o' rinnin' up
An' doun, I'll rest a wee,
An gif my egg's no tasht to bits
I'll eat it for my tea!

J. K. Annand

Hogmanay

Rise up auld wife and shak yer feathers,
Dinna think that we are beggars;
We're only bairns come tae play –
Rise up and gie's wir Hogmanay.
Wir feet's cauld, wir sheen's thin,
Gie's a piece and lat's in.

Traditional

Yule

Yule's come and Yule's gane
And we hae feasted weel.
Now Jock maun tae his flail again
And Jeannie tae her wheel.
The snaw's saftly fallin
But bairns tae schule maun gang,
O Winter, Winter, flee awa
Let Simmer come again.

Traditional

Nichtfa

Bed-time

Cuddle doun, my bairnie;
The dargie day is düne:
Yon's a siller sternie
Ablow the siller müne:

Like a wabster body
Hingin' on a threed,
Far abüne my laddie
And his wee creepie-bed.

William Soutar

Wee Davie Daylicht

Wee Davie Daylicht keeks owre the sea,
Early in the mornin', wi a clear e'e;
Waukins a' the birdies that are sleepin' soun'
Wee Davie Daylicht is nae lazy loon.

Wee Davie Daylicht glow'rs owre the hill,
Glints through the greenwood, dances on the rill;
Smiles on the wee cot, shines on the ha';
Wee Davie Daylicht cheers the hearts o' a'.

Come bonnie bairnie, come awa' to me;
Cuddle in my bosie, sleep upon my knee.
Wee Davie Daylicht noo has closed his ee'e.
In amang the rosy clouds, far ayont the sea.

Robert Tennant

Hush-a-ba-Birdie, Croon

Hush-a-ba-birdie, croon, croon,
Hush-a-ba-birdie, croon;
The sheep are gane to the silver wood,
And the coos are gane to the broom, broom,
And the coos are gane to the broom.

And it's braw milking the kye, kye,
It's braw milking the kye;
The birds are singing, the bells are ringing,
The wild deer come galloping by, by,
The wild deer come galloping by.

And hush-a-ba-birdie, croon, croon,
Hush-a-ba-birdie, croon;
The gaits are gane to the mountain hie,
And they'll no be hame till noon, noon
And they'll no be hame till noon.

Traditional

O Can Ye Sew Cushions

O can ye sew cushions?
   Or can ye sew sheets?
An' can ye sing ba-la-loo
   When the bairnie greets?

An' hee an' baw birdie,
   An' hee an' baw lamb,
An' hee an' baw birdie
   My bonnie wee man.

I biggit a cradle
   Upon the tree-top,
And aye when the wind blew,
   My cradle did rock.

O hush a baw baby,
   O, ba-lilli-loo!
And hee and baw birdie,
   My bonnie wee doo!

Hee O! wee O! what would I dae wi' you?
Black's the life that I lead wi' you!
Mony o' ye, little for to gi'e you,
Hee O! wee O! what would I dae wi' you.

Traditional

Dreamscape at Bedtime

(after Robert Louis Stevenson)

The lichts frae the harbour and ferries shone oot
   frae the cafes, amusements and bars;
whilst high owerheid a' movin' aboot
   there were thousands an' millions o' stars.

The beams frae the lichthoose sprayed owre the sea,
   a ship had white een lik' a shark.
An' the pattern o' planets poored their pure licht on me
   As they glimmered and winked in the dark.

The Great Bear and Venus, the Plough and the moon
   were torches that lit up the nicht;
and the waater was speckled lik' an auld table spoon
   reflectin' a cauld, siller licht.

I woke up at last fu' o' wonder and sighs
   to find I wis waarm in my bed;
but the marvel kept spinnin' and clear in ma een,
   an' the stars going roon' in ma head.

John Rice

Wee Willie Winkie

Wee Willie Winkie
Rins through the toun,

Up stairs and doon stairs
In his nicht-goun,
Tirlin at the winnock,
Cryin at the lock,
"Are the weans in their bed?
For it's noo ten o'clock."

Hey, Willie Winkie,
Are ye comin ben?
The cat's singing grey thrums
Tae the sleepin hen,
The dog's speldered on the flair,
An disna gie a cheep,
But here's a waukrife laddie
That winna fa asleep.

Onything but sleep, ye rogue!
Glowerin like the mune,
Rattlin in an airn jug
Wi an airn spune,
Rumblin, tumblin, roond aboot,
Crawin like a cock,
Skirlin like a kenna-whit,
Wauknin sleepin folk.

Hey, Willie Winkie –
The wean's in a creel!
Wamblin aff a body's knee
Like a verra eel,
Ruggin at the cat's lug,

Ravelin a her thrums –
Hey, Willie Winkie –
See, there he comes!

Traditional

The Bairnies Cuddle Doon

The bairnies cuddle doon at nicht
   Wi' muckle faught an' din;
'Oh try and sleep, ye waukrife rogues
   Your faither's comin in.'
They never heed a word I speak:
   I try to gie a froon,
But aye I hap them up an cry,
   'Oh, bairnies, cuddle doon.'

The bairnies cuddle doon at nicht
   Wi' mirth that's dear to me;
But soon the big warl's cark an' care
   Will quaten doon their glee.
Yet come what will to ilka ane,
   May He wha rules aboon
Aye whisper, though their pows be bald,
   'Oh, bairnies, cuddle doon.'

Alexander Anderson

Wee Jock Todd

The King cam' drivin' through the toon,
Slae and stately through the toon;
He bo'ed tae left, he bo'ed tae richt,
An' we bo'ed back as weel we micht;
But wee Jock Tod he couldna bide,
He was daft tae be doon at the waterside;
Sae he up an' waved his fishin' rod –
     Och, wee Jock Todd!

But in the quaiet hoor o' dreams,
The lang street streekit wi' pale moonbeams,
Wee Jock Todd cam' ridin' doon,
Slae an' solemn through the toon.
He bo'ed tae left, he bo'ed tae richt
(It maun ha'e been a bonnie sicht)
An' the King cam runnin' – he couldna bide –
He was mad tae be doon at the waterside;
Sae he up wi' his rod and gaed a nod
     Tae wee Jock Todd.

Marion Angus

Dance tae Yer Daddie

Dance tae yer Daddie,
Ma bonnie laddie,
Dance tae yer Daddie, ma bonnie lamb;
An ye'll get a fishie,
In a little dishie,
Ye'll get a fishie, when the boat comes hame!

J. M. Bulloch

Speerin'

Speerin'

Lyin' on a hillside
Wi' heather to my chin,
I speered at a' the wee things
Gaein' oot an' in:
Wee things, near things,
We're livin' a' thegither,
Me an' ants an' forkytails
Doon in the heather.

Syne on a grassy brae
Amang the carle doddies
I speered in the gloamin'
At the heavenly bodies:
Big things, far things,
Stars an' suns by dozens,
We're a' gaein' the same road,
We're a' cater-cousins.

Willa Muir

The Tod
(The Fox)

"Eh," quo' the tod, "it's a braw licht nicht,
The win's i' the wast, an' the mune shines bricht,
The win's i' the wast, an' the mune shines bricht,
   An' I'll awa to the toun, O."

"I was doun amang yon shepherd's scroggs;
I'd like to hae been worried by his dogs;
But by my sooth I minded his hoggs
   When I cam' tae the toun, O."

He's taen the gray goose by the green sleeve,
"Eh! ye auld witch, nae langer sall ye leeve;
Your flesh it is tender, yer banes I maun prieve;
   For that I cam' tae the toun, O!"

Up gat the auld wife oot o' her bed,
An' oot o' the window she shot her head,
"Eh, gudeman! the grey goose is dead,
   An' the tod has been i' the toun, O!"

Anon

Guddlin' in the Burn

Guddlin' in the burn Sandy fand a troot,
Gruppit it by the gills and smertly flang it oot.
He didna need a worm, he didna need a flie,
Bit soopleness o' haun, and glegness in his e'e.
He built a bonnie fire to roast his caller fish ...
It aye tastes better stickit nor servit in a dish.

Anon

Leddy, Leddy, Lanners
(Ladybird)

Leddy, Leddy, Lanners,
Leddy, Leddy, Lanners,
Tak up your cloak aboot yer heid
An' flee awa' to Flanners;
Flee owre firth, an' flee owre fell,
Flee owre pool, an' rinnin' well,
Flee owre hill, an' flee owre mead,
Flee owre leevin', an' flee owre deid,
Flee owre corn, an' flee owre lea,
Flee owre river, an' flee owre sea,
Flee ye East, or flee ye West,
Flee to the ane that lo'es me best.

Anon

A Dug A Dug

Hey, daddy, wid yi get us a dug?
A big broon alsatian? Ur a wee white pug,
Ur a skinny wee terrier ur a big fat bull.
    Aw, daddy. Get us a dug. Wull yi?

N whose dug'll it be when it durties the flerr?
and pees'n the carpet, and messes the sterr?
It's me ur yur mammy'll be taen fur a mug.
Away oot an play. Yur no needin a dug.

Bit, daddy! Thur gien thum away
doon therr at the RSPCA.
Yu'll get wan fur nothin so yi wull.
    Aw, daddy. Get us a dug. Wull yi?

Doon therr at the RSPCA!
Dae ye hink ah've goat nothin else tae dae
bit get you a dug that ah'll huftae mind?
Yur no needin a dug. Ye urny blind!

Bit, daddy, thur rerr fur guardin the hoose
an thur better'n cats fur catchin a moose,
an wee Danny's dug gies is barra a pull.
    Aw, hey daddy. Get us a dug. Wull yi?

Dae yi hear im? Oan aboot dugs again?
Ah hink that yin's goat dugsn the brain.

Ah know whit ye'll get; a skiten the lug
if ah hear any merr aboot this bliddy dug.

Bit, daddy, it widnae be dear tae keep
N ah'd make it a basket fur it tae sleep
N ah'd take it fur runs away orr the hull.
    Aw, daddy. Get us a dug. Wull yi?

Ah don't hink thur's ever been emdy like you.
Ye could wheedle the twist oot a flamin coarkscrew.
Noo get doon aff mah neck. Ah don't want a hug.
Awright. That's anuff. Ah'll get yi a dug.

    Aw, daddy! A dug! A dug!

                                        Bill Keys

The Three Puddocks

Three wee bit puddocks
Sat upon a stane:
Tick-a-tack, nick-a-nack,
Brek your hawse-bane.
They lookit in a dub
And made nae sound
For they saw a' the sterns
Gang whummlin round.

Then ane lauch't a lauch
Gowpin wide his gab,
And plunkit doun into the dub
But naething cud he nab:
And wi' a mou o' mools
He cam droukit out again:
Tick-a-tack, nick-a-nack,
Brek your hawse-bane.

Anither lauch't a lauch
(Wha but gowks wud soom)
And cockit on his stany knowe
Afore the dub wud toom;
Then he growpit in the glaur
Whaur he thocht the sterns had gaen:
Tick-a-tack, nick-a-nack,
Brek your hawse-bane.

The hinmaist lauch't a lauch,
Coostin up his croun;
And richt into his liftit e'en
The sterns were lauchin doun.
Cauld, cauld, the wheeplin wind;
Cauld the muckle stane:
Tick-a-tack, nick-a-nack,
Brek your hawse-bane.

William Soutar

Hungry Waters

(For a little Boy at Linlithgow)

The auld men o' the sea
Wi' their daberlack hair
Ha'e dackered the coasts
O' the country fell sair.

They gobble owre cas'les,
Chow mountains to san';
Or lang they'll eat up
The haill o' the lan'.

Lickin' their white lips
An' yowlin' for mair,
The auld men o' the sea
Wi' their daberlack hair.

Hugh MacDiarmid

Heron

A humphy-backit heron
    Nearly as big as me
Stands at the waterside
    Fishin for his tea.
His skinnie-ma-linkie lang legs
    Juist like reeds

Cheats aa the puddocks
Soomin 'mang the weeds.
  Here's ane comin,
  Grup it by the leg!
It sticks in his thrapple
Then slides doun his craig.
  Neist comes a rottan,
  A rottan soomin past,
Oot gangs the lang neb
And has the rottan fast.
  He jabs it, he stabs it,
Sune it's in his wame,
  Flip-flap in the air
  Heron flees hame.

J. K. Annand

The Pest

Oh ye, wha in our oors o ease,
  Are fashed wi golochs, mauks and flees,
Fell stingin wasps an bumble bees,
  Tak tent o this:
There's ae sma pest that's waur nor these
  To mar your bliss.

They hing ower hedges, burns an wuds,
  An dance at een in dusky cluds;

Wi aw your random skelps an scuds,
   They're naeweys worrit:
Gin there's a hole in aw yer duds,
   They'll mak straucht for it.

I've traivled wast, I've traivled east;
   I'm weel aquant wi mony a beast;
Wi lions, teegers, bears – at least
   I've kent their claw:
I've been the fell mosquito's feast –
   But this cowes aw.

Auld Scotland, on thy bonnie face,
   Whan Mither Nature gied ye grace,
Lown, birken glens an floery braes,
   Wild windy ridges,
To save ye frae deleerit praise
   She gied ye midges.

                                    W. R. Darling

The Vaunty Flee

"By cricky!" bizz'd a vaunty flee,
As he caper'd in a corner:
"Gin there's a gleger spunk nor me
He maun be gey byor'nar."

Wi' that a wabster frae his den
Popp't out, and nabb'd him fairly:
And snicher'd as he hail'd him ben:
'I'm gey byor'nar, shairly.'

William Soutar

Feart

In the pit mirk nicht at the fit o the stairs,
A heard a wee noise that jist made the hairs,
oan the back o ma neck, staun straight up oan end
ma teeth start tae chatter, ma hert fair bend.

A cocked ma lugs an strained fir tae hear.
Wis it ghaists or folk? Wir they faur or near?
Wid they be freenly craturs or murderers foul?
Wir they here fir a blether or a bluidthirsty prowl?

Wi a flash o lichtnin, an a rattle o thunner,
the storm fair brewed an A coontit tae a hunner.
Then A gaithert ma courage an stertit tae climb
When oot o the shaddas twae fit at a time,

A wee black baw o fur an fluff
Came trottin doon the stairs, fair in a huff.
Ma new wee kitten jist gied me a look,
an walkt strecht past, fair famisht fir her food.

Liz Niven

The Gowk

Half doun the hill, whaur fa's the linn
Far frae the flaught o' fowk,
I saw upon a lanely whin
A lanely singin' gowk:
Cuckoo, cuckoo;
And at my back
The howie hill stüde up and spak:
Cuckoo, cuckoo

There was nae soun': the loupin' linn
Hung frostit in its fa':
Nae bird was on the lanely whin
Sae white wi' fleurs o' snaw:
Cuckoo, cuckoo;
I stüde stane still;
And saftly spak the howie hill:
Cuckoo, cuckoo.

William Soutar

Bubblyjock

It's hauf like a bird and hauf like a bogle
And juist stands in the sun there and bouks.
It's a wunder its heid disna burst
The way it's aye raxin' its chouks.

Syne it twists its neck like a serpent
But canna get oot a richt note
For the bubblyjock swallowed the bagpipes
And the blether stuck in its throat.

Hugh MacDiarmid

The Twa Cuddies

As I cam roon by Tinto's back,
I heard twa cuddies haein a crack.
I heard yin tae the tither say,
'Wha will ye tak tae ride the day?'

'I'll tak nae laird wi whip and spurs,
I'll tak nae leddy clad in furs.
But I'll awa tae Glesca fair
Tae fetch a lass that I ken there.

'And nane will hear me at the gate,
And nane will see me as I wait
But her alane, and she'll come doun,
And we'll gang through the sleepin toun.

'We'll ride the bents, we'll ride the braes,
We'll ride for nichts, we'll ride for days.
We'll ride the shore, we'll ride the sea,
We'll ride the sky, that lass and me.'

As I wis sittin late at nicht
Abune the trees I saw a sicht:
Across the mune I saw them pass,
A fleein cuddy and a lass.

James Roberson

My Hoggie

What will I do gin my hoggie die?
    My joy, my pride, my hoggie!
My only beast, I had nae mae,
    And vow but I was vogie!

The lee-lang night we watch'd the fauld,
    Me and my faithfu' doggie;
We heard nought but the roaring linn,
    Amang the braes sae scroggie;

But the houlet cry'd frae the castle wa',
    The blitter frae the boggie,
The tod reply'd upon the hill,
    I trembl'd for my hoggie.

When day did daw and cocks did craw,
    The morning it was foggie;
An unco tyke lap o'er the dyke,
    And maist has kill'd my hoggie.

Robert Burns

Tam Taits

What ca' they you?
    They ca' me Tam Taits.
What do ye do?
    I feed sheep and gaits.

Whaur feed they?
    Doun in yon bog.
What eat they?
    Gerse and fog.

What gie they?
    Milk and whey.
Wha sups they?
    Tam Taits and I.

Anon

The Spaewife

O, I wad like to ken – to the beggar-wife says I –
Why chops are guid to brander and nane sae guid to fry.
An' siller, that's sae braw to keep, is brawer still to gi'e.
   – *It's gey an' easy spierin'*, says the beggar wife to me.

O, I wad like to ken – to the beggar-wife says I –
Hoo a' things come to be whaur we find them when we try,
The lasses in their claes an' the fishes in the sea.
   – *It's gey an' easy spierin'*, says the beggar-wife to me.

O, I wad like to ken – to the beggar-wife says I –
Why lads are a' to sell an' lasses a' to buy;
An' naebody for dacency but barely twa or three.
   – *It's gey an' easy spierin'*, says the beggar-wife to me.

O, I wad like to ken – to the beggar-wife says I –
Gin death's as shure to men as killin' is to kye,
Why God has filled the yearth sae fu' o' tasty things to pree.
   – *It's gey an' easy spierin'*, says the beggar-wife to me.

O, I wad like to ken – to the beggar-wife says I –
The reason o' the cause an' the wherefore o' the why,
Wi' mony anither riddle brings the tear into my e'e.
   – *It's gey an' easy spierin'*, says the beggar-wife to me.

Robert Louis Stevenson

Chiels

The Lad i' The Mune

O gin I lived i' the gowden mune
    Like the mannie that smiles at me,
I'd sit a' nicht in my hoose abune
And the wee-bit stars they wad ken me sune,
For I'd sup my brose wi' a gowden spune
    And they wad come out to see!

For weel I ken that the mune's his ain
    And he is the maister there;
A' nicht he's lauchin', for, fegs, there's nane
To draw the blind on his windy-pane
And tak' an' bed him, to lie his lane
    And pleasure himsel' nae mair.

Says I to Grannie, 'Keek up the glen
    Abune by the rodden tree,
There's a braw lad 'yont i' the mune, ye ken.'
Says she, 'Awa' wi' ye, bairn, gang ben,
For noo it's little I fash wi' men
    An' it's less that they fash wi' me!'

When I'm as big as the tinkler-man
    That sings i' the loan a' day,
I'll bide wi' him i' the tinkler-van
Wi' a wee-bit pot an' a wee-bit pan;
But I'll no tell Grannie my bonnie plan,
    For I dinna ken what she'll say.

And, nicht by nicht, we will a' convene
  And we'll be a cantie three;
We'll lauch an' crack i' the loanin' green,
The kindest billies that ever was seen,
The tinkler-man wi' his twinklin' een
  And the lad i' the mune an' me!

Violet Jacob

Katie Beardie

Katie Beardie had a coo,
Black an' white aboot the mou;
Wasna that a dentie coo?
Dance, Katie Beardie!

Katie Beardie had a hen,
Cackled but an' cackled ben;
Wasna that a dentie hen?
Dance, Katie Beardie!

Katie Beardie had a cock,
That could spin a guid tow rock;
Wasna that a dentie cock?
Dance, Katie Beardie!

Katie Beardie had a grice,
It could skate upon the ice;

Wasna that a dentie grice?
Dance, Katie Beardie!

Katie Beardie had a wean
That was a' her lovin' ain;
Wasna that a dentie wean?
Dance, Katie Beardie!

Anon

The Young Man
and the Young Nun

"My milk-white doo," said the young man
    To the nun at the convent yett,
"Ahint your maiden snood I scan
    Your hair is like the jet.
Black, black are the een ye hae
Like boontree berries or the slae,
Wi hints o Hevin and glints as weill
O' the warld, the flesh and the muckle Deil.
Come flee wi me!" said the young man
    To the nun at the convent yett.

"I've gien my vow," said the young nun
    To the man at the convent yett.
"My race outby in the warld is run:
    Earth's cauld and Hell is het.

Although my maiden snood I hain,
I hae a Gidman o my ain,
I hae a Gidman far mair real,
I hae a Gidman far mair leal
Nor ye can be," said the young nun
    To the man at the convent yett.

"That's aiblins true," said the young man
    To the nun at the convent yett,
"But ye're owre young your life to ban
    To be the Godheid's pet.
The veil is for the auld and cauld,
Your youth is for the young and yauld;
Come while the sheen is in your hair,
Come while your cheek is round and fair,
Come and be free!" said the young man
    To the nun at the convent yett.

"That step I'd rue," said the young nun
    To the man at the convent yett.
"My threid o bewtie's jimplie spun
    And men gey sune forget.
When lyart cranreuch streaks my locks
And my cheeks hing syde as a bubblyjock's
Whas bluid will steer, whas hert will stound,
Whas luve will stanch auld age's wound?
Nane bleeds but He," said the young nun
    To the man at the convent yett.

"Ye gar me grue," said the young man
    To the nun at the convent yett.
"The gait ye gang is no Life's plan,
    And to life ye're awn a debt.
The morn, the laverock shaks the air
And green comes back to the girss and gair;
Your spell wi the Ghaist's owre sune begood,
It's wi ane like me ye suld tyne your snood –
I speak Life's plea," said the young man
    To the nun at the convent yett.

"Your een are blue," said the young nun
    To the man at the convent yett,
"But the luvan een o Mary's Son
    Are starns that will never set.
Whan your gowden powe's like the mune's wan heid,
Whan your cheeks are blae and your een are reid,
My Luv will be young as the bricht new gem
That bleezed in the heck at Bethlehem –
He canna dee," said the young nun
    To the man at the convent yett.

"Brent is your brou," said the young man
    To the nun at the convent yett,
"And for nae callant o earthly clan
    Your leesome lane ye'll fret.
For me, there are monie still in bloom:
Owre ye, I needna fash my thoom.
Flyting and fleetching baith hae failed,

And sae fareweill – it's yoursel that's waled
The weird ye'll dree," said the young man
   To the nun at the convent yett.

"I thank ye nou," said the young nun
   To the man at the convent yett,
"And though your wauf, wild warld I shun,
   Your warmth I'll no regret.
A barren boon for Christ 'twad be
Gin naebodie socht His bride but He,
But the weird ye wale is waur nor mine,
And doubtless ye'll seek to change it syne –
I'll pray for ye," said the young nun
   As she steekit the convent yett.

A. D. Mackie

Bingo

Tae the bingo haa
Gaes aald Mrs Broon,
And every nicht,
When they caa "ehz doon"
Aald Mrs Broon
Wull sit and tick
Aa the sixes,
Clickety click.

She disna care
If she wins or no,
It's no the reason
That maks her go.
She bides on her ain
Up a closie stair,
So it's company
That taks her there.

Ali Christie

The Poacher to Orion

November-month is wearin' by,
    The leaves is nearly doon;
I watch ye stride alang the sky
    O nichts, my beltit loon.

The treetaps wi' their fingers bare
    Spread between me and you,
But weel in yonder frosty air
    Ye see me keekin' through.

At schule I lairnd richt wearilie,
    The Hunter was yer name;
Sma' pleasure were ye then tae me,
    But noo oor trade's the same.

But ye've a brawer job nor mine
    And better luck nor me,
For them that sees ye likes ye fine
    And the pollis lets ye be;

We're baith astir when men's asleep;
    A hunter aye pursued,
I hae by dyke an' ditch tae creep,
    But ye gang safe an' prood.

What maitter that? I'll no complain,
    For when we twa are met
We hae the nicht-watch for oor ain
    Till the stars are like tae set.

Gang on, my lad. The warlds owreheid
    Wheel on their nichtly beat,
And ye'll mind ye as the skies ye treid
    O the brither at yer feet.

Violet Jacob

Skyscraper Faimly

Skyscraper faimly, it maun be a bore
Bidin twenty storeys frae yer ain front door.
By day ye've gulls for neebors, syne ye've stars at nicht –
Save on the electric wi the meen for licht.

Skyscraper faimly, it's affa heich, yer hoose –
Dae ye keep a bat there, far we micht keep a moose?
Fit a tapsalteerie wunner o a street –
Faimlies at yer heid, and faimlies at yer feet!

Skyscraper faimly, dis yer washin dry?
Dis yer mither peg it ontae rainbows in the sky?
Dae ye thoomb a lift on a passin aeroplane,
Visit Spain and Italy, syne hame for tea again?

Skyscraper faimly, ye've affa far tae faa –
Naewye tae play wi a bicycle or baa.
Fin the bairn greets, dae ye hing her on a cloud?
My, it must be lanely, up abeen the crowd!

Sheena Blackhall

The Wishin' Well

A lass cam' sabbin'
Tae my brink,
Tae dip her hand
An' wishin', drink.
'O water, water,
Gi'e tae me
This wish I wish,
Or else I dee!'

Back cam' the lass
Years efter-hand,
An' peered again
At my dancin' sand.
'I mind,' she said
'O drinkin' here,
But – Losh keep me,
What *did* I speir?'

Helen B. Cruickshank

Tammie Doodle

Tammie Doodle was a cantie chiel,
Fou cantie and fou crouse;
The fairies liked him unco weel
And built him a wee hous.

And whan the hous was aa built up,
And finished but the door,
A fairy it cam skippin in
And danced upon the floor.

The fairy it birled up and doun,
It lowpit and it flang;
It friskit and it whiskit roun
And crooned a fairy sang.

At length it whistled loud and shrill,
And in cam aa the gang
Till puir wee Tammie Doodle was
Maist smothered in the thrang.

Traditional

The Fiddler

A fine player was he …
'Twas the heather at my knee,
The Lang Hill o' Fare
An' a reid rose-tree,
A bonnie dryin' green,
Wind fae aff the braes,
Litftin' and shiftin'
The clear-bleached claes.

Syne he played again …
'Twas dreep, dreep o' rain,
A bairn at the breist
An' a warm hearth-stane,
Fire o' the peat,
Scones o' barley-meal
An' the whirr, whirr, whirr,
O' a spinnin'-wheel.

Bit aye, wae's me!
The hindmaist tune he made ...
'Twas juist a dune wife
Greetin' in her plaid,
Winds o' a' the years,
Naked wa's atween,
And heather creep, creepin'
Ower the bonnie dryin' green.

Marion Angus

Willie Wastle

Willie Wastle dwalt on Tweed,
    The spot they ca'd it Linkumdoddie;
Willie was a wabster guid,
    Coud stown a clue wi' ony body.
He had a wife was dour and din,
    O, Tinkler Maidgie was her mither;
Sic a wife as Willie had,
    I wad na gie a button for her!

She has an ee, she has but ane,
    The cat has twa the very colour:
Five rusty teeth, forbye a stump,
    A clapper-tongue wad deave a miller;
A whiskin beard about her mou,
    Her nose and chin they threaten ither;
Sic a wife as Willie had,
    I wad na gie a button for her!

She's bough-hough'd, she's hem-shinn'd,
 Ae limpin leg a hand-breed shorter;
She's twisted right, she's twisted left,
 To balance fair in ilka quarter:
She has a lump upon her breast,
 The twin o' that upon her shouther;
Sic a wife as Willie had,
 I wad na gie a button for her!

Auld baudrans by the ingle sits,
 An' wi' her loof her face a-washin;
But Willie's wife is nae sae trig,
 She dichts her grunzie wi' a hushion;
Her walie nieves like midden-creels,
 Her face wad fyle the Logan-Water;
Sic a wife as Willie had,
 I wad na gie a button for her!

Robert Burns

The Herd's Hoose

The wee herd laddie has biggit a hoose –
He's biggit it a' his lane;
And there he can lie and watch his kye,
And fear na win' nor rain.

He has pickit the place wi' a skeely thocht –
On a knowe at the end o' the bicht;
And the door looks east, where the win'
   blaws least,
And his chairges are a' in sicht.

Its twa-foot wa's are o' the tide-mark stanes
That the waves hae masoned roun';
And ilka bit chink, where the day micht blink,
Wi' fog he has oakumed soun.'

It's roofed and theekit – a tradesman's job!
The rafters are runts o' whin,
Wi bracken and heather weel soddit thegither,
And wechtin' stanes abune.

There's an ingle neuk at the benmaist en',
And the lum was a pail in its day;
And oot at the back there's a wee peat stack,
As a bein bit hoose sud hae.

He'll fen' for himsel', a laddie like yon;
And lang may he leeve to tell –
When he's feathered his nest, and come hame
   for a rest –
O' the hoose he biggit himsel'!

Walter Wingate

Maggie Lauder

Wha wad na be in love
    Wi bonny Maggie Lauder?
A piper met her gaun to Fife,
    And speir'd what was't they ca'd her.
Right scornfully she answered him,
    'Begone, you hallanshaker,
Jog on your gate, you bladderskate,
    My name is Maggie Lauder.'

'Maggie', quoth he, 'and by my bags,
    I'm fidging fain to see thee;
Sit down by me, my bonny bird,
    In troth I winna steer thee;
For I'm a piper to my trade,
    My name is Rob the Ranter;
The lasses loup as they were daft,
    When I blaw up my chanter.'

'Piper', quoth Meg, 'hae you your bags,
    Or is your drone in order?
If you be Rob, I've heard o' you;
    Live you upo' the Border?
The lasses a', baith far and near,
    Have heard o' Rob the Ranter;
I'll shake my foot wi' right goodwill,
    Gif you'll blaw up your chanter.'

Then to his bags he flew wi' speed,
      About the drone he twisted;
Meg up and wallop'd oe'r the green,
      For brawly could she frisk it.
'Weel done,' quoth he. 'Play up,' quoth she:
      'Weel bobbed,' quoth Rob the Ranter;
''Tis worth my while to play indeed,
      When I hae sic a dancer.'

'Weel hae ye play'd your part', quoth Meg,
      'Your cheeks are like the crimson;
There's nane in Scotland plays sae weel
      Since we lost Habbie Simson.
I've lived in Fife, baith maid and wife,
      These ten years and a quarter;
Gin you should come to Enster Fair.
      Speir ye for Maggie Lauder.'

                                        Anon

Widder

Poem

Rags frae the moon and tatters o sun,
We'll fly awa when time is done.
Wind for a sark; the sweet yird for shoon.
Rags frae the sun; tatters o moon.

John Glenday

The Sark

"A braw day:" thocht the sark;
"A bonnie, braw day:
Come on, wind, and dae your wark,
I hinna lang to stay.

"The burly sün is owre the ben,
The cockieleeries craw;
And I wud lowp on the washin-green:
Blaw, bluffert, blaw!"

William Soutar

Auld Reekie

When chitterin' cauld the day sall daw,
Loud may your bonny bugles blaw
   And loud your drums may beat.
Hie owre the land at evenfa'
Your lamps may glitter raw by raw,
   Along the gowsty street.

I gang nae mair where ance I gaed,
By Brunston, Fairmilehead, or Braid;
   But far fraw Kirk and Tron.
O still ayont the muckle sea,
Still are ye dear, to me,
   Auld Reekie, still and on!

Robert Louis Stevenson

Wet Day

As we gaed oot frae Bos'ells
   To clim the Bowden brae.
A smir o' rain was fa-in.
   That buid to spoil the day;
And or we passed the Whit'rigg road
   A mirky hap came doun:
It smoored the muckle Eildons
   And blanketed Newtoun.

The weet seeped throwe oor bonnets
    And lashed oor smertin' cheeks,
It drenched oor flappin' jaickets
    And draigled sair oor breeks.
But ower the brae sae cheery
    A chiel came whusslin free,
And sallied in the byegaun,
    "Aye, soft a bit," says he.

My feet were fairly chorkin'
    Inside my platchin' shoon,
But, droukit to the verra sark,
    I couldna raise a froun.
I watched the clackin' hob-nails,
    Taes pointin' to the sky,
And yelled against the wild wund,
    "Aye, soft a bit," says I.

William Landles

A Nicht's Rain

The thunder clap may clatter,
The lichtnin' flare awa':
I'm listin' to the water,
And heed them nocht ava.

I canna think o' sleepin':
I canna hear eneuch,
The sang the trees are dreepin',
The music o' the sheugh!

And 'neath the roof that's drummin'
Wi' mair than rhone can kep,
Wi' faster fa' is comin'
The plop upon the step.

My famished flowers are drinkin'
In ilka drookit bed:
An' siller blabs are winkin'
On ilka cabbage bled.

And in my blankets rowin'
I think on hay an' corn –
I maist can hear them growin':
We'll see an odds the morn.

Walter Wingate

Hurlygush

The hurlygush an' hallyoch o the watter
a-skinklin i the moveless, simmer sun,
harles aff the scaurie mountain wi a yatter
that thru ten-thoosand centuries has run.

Wi cheek agains the ash o wither't bracken,
I ligg at peace, and hear nae soun at aa
but yonder hurlygush that canna slacken,
thru time an' space mak never-endan faa.

As if a volley o the soun had caught me
doun tae the pool whaur timeless things begin,
and e'en this endless faa'in that had claucht me
wi ilka ither force was gether't in.

Maurice Lindsay

Scottish Rain

Gets in yer neb, lugs,
unner thi oxters tae.
Oan yer heid, in yer een
til ye're drookit, ken?

An it's aye cauld
an gaes sidie-ways.
Whit, warm rain?
Nae here (mebbe in Spain).

Woke up this mornin, crawled oot o bed,
keeked oot thi windae pane
Aw naw! Rainin again!

Tom Bryan

The Hint o' Hairst

O for a day at the Hint o' Hairst,
    With the craps weel in an' stackit,
When the fairmer steps thro' the corn-yard,
    An' counts a' the rucks he's thackit:

When the smith stirs up his fire again,
    To sharpen the ploughman's coulter;
When the miller sets a new picked stane,
    An' dreams o' a muckle moulter:

When cottars' kail get a touch o' frost,
    That mak's them but taste the better;
An' thro' the neeps strides the leggined laird,
    Wi's gun an' a draggled setter:

When the forester wi' axe an' keel
    Is markin' the wind-blawn timmer,
An' there's truffs aneuch at the barn gate
    To reist a' the fires till simmer.

Syne O for a nicht, ae lang forenicht,
    Ower the dambrod spent or cairtin',
Or keepin' tryst wi' a neebour's lass –
    An' a mou' held up at pairtin'.

Charles Murray

Traivlin

Poussie-cat

Poussie-cat, poussie-cat
Whaur hae ye been?
I've been up at the Castle
Seein the Queen.
What did ye get?
A piece and jam.
What did ye say?
Thenk ye, Ma'am.

Traditional

Treasure Trove

Do you mind rinnin' barefit
In the saft, summer mist
Liltin' and linkin' on the steep hillheids?
In below your tartan shawl, your hand wad aye twist
Your bonnie green beads.

Do you mind traivellin', traivellin'
Ower and ower the braes,
Reistlin' the heather, and keekin' 'naith the weeds,
Seekin' and greetin' in the cauld weet days
For yer tint green beads.

Whist! Dinna rouse him,
The auld sleepin' man –
Steek the door; the mune-licht's on the lone hillheids –
Wee elfin craturs is delvin' in the sand,
They canna' miss the glimmer
O' yer auld green beads.

Here they come, the wee folk,
Speedin' fast and fleet –
There's a queer, low lauchin' on the grey hillheids –
An' the bricht drops, glancin', followin' at their feet –
It's green, green beads –
The last ye'll ever see o' yer bonnie green beads.

Marion Angus

When to New Zealand

When to New Zealand first I cam,
Poor and duddy, poor and duddy,
When to New Zealand first I cam,
It was a happy day, sirs,
For I was fed on parritch thin,
My taes they stickit thro' my shoon,
I riggit at the pouken pin,
But I couldna mak it pay, sirs.

Nae mair the laird comes for his rent,
For his rent, for his rent,
Nae mair the laird comes for his rent,
When I hae nocht tae pay, sirs.

Nae mair he'll tak me aff the loom,
Wi' hanging lip and pouches toom,
To touch my hat and boo to him,
The like was never kent, sirs.

At my door cheeks there's bread and cheese,
I work or no, just as I please,
I'm fairly settled at my ease,
And that's the way o't noo, sirs.

John Barr

Tae a Pair o' Owld Shoes

Ye've carried me ower mony a clod,
Ower hills an' dales an' metalled road;
   Ma feet aye comfortably shod
     Wi yer embrace;
  An' noo ye're cryan oot loud
     To be replaced.

Soles an' heels ye've worn galore,
Yet aye yer uppers wanted more;

An' ma hefty weicht ye gladly bore
    Withoot complaint;
In spite o' e' stinkan socks a wore
    Ye were content.

Nae bunions, corns or hammer toes,
Nae darnen needed on ma hose;
A've lirped wi neine o' 'at because
    Ye did conform;
Tae 'e shape o' ma muckle feet so close,
    Fan ye were worn.

Wi' ye owld freens am sweer tae part,
Ye fitted sae bonny fae 'e start,
An' though ye werena a work o' art
    Ye were amang 'e best;
Tae discard ye noo, id grieves ma heart,
    But ye've earned ye rest.

Geddes o' Mey

The Rickety 'Bus

It lacks the fine feenish an' city-bred air,
The rickety 'bus in the country-toon square,
But it's grand when the driver says: "Richt awa' noo;
There's nae sign o' Wull, an', forbye, we're near fu."

Then he coaxes the starter, the clutch, an' the brake,
An' the flair starts to dance an' the windas to shake;
There's a screech, then a breenge that sets shooglin' oor
    banes,
An' we stot through the toon ower its auld cobble-stanes.

She's across the wee briggie an' doon past the mill,
She wheechs roon' the bend, an' she pechs up the hill;
There's laughin' an' crackin', a lang drawn-oot sigh,
An' Jock on the baker's van hails us gaun by.

The distant hills birl to the swish o' the trees,
The sweet scent o' wuid-smoke comes doon on the breeze;
There's a lamb on the road, far stravaiged frae its maw,
An' we stop while the driver lad shoos it awa'.

Aye, it hasna' the feenish, the city-bred air,
Yet the finest o' roadsters was never sae fair
As that rickety 'bus, 'mang the folks that I ken,
When she takes the last bend to my hame in the glen.

Matt Freeland

The Wild Geese

'O tell me what was on yer road, ye roarin' norlan' Wind,
As ye cam' blawin' frae the land that's niver frae my mind?
My feet they traivel England, but I'm deein' for the north.'
'My man, I heard the siller tides rin up the Firth o' Forth.'

'Aye, Wind, I ken them weel eneuch, and fine they fa' an'
　　rise,
And fain I'd feel the creepin' mist on yonder shore that lies,
But tell me, ere ye passed them by, what saw ye on the
　　way?'
'My man, I rocked the rovin' gulls that sail abune the Tay.'

'But saw ye naething, leein' Wind, afore ye cam' to Fife?
There's muckle lyin' 'yont the Tay that's mair to me nor
　　life.'
'My man, I swept the Angus braes ye ha'ena trod for
　　years.'
'O Wind, forgi'e a hameless loon that canna see for tears!'

'And far abune the Angus straths I saw the wild geese flee,
A lang, lang skein o' beatin' wings, wi' their heids towards
　　the sea,
And aye their cryin' voices trailed ahint them on the air –'
'O Wind, hae maircy, haud yer whisht, for I daurna listen
　　mair!'

Violet Jacob

Bert: Diggin in

Listen,
ah dinnae think Australia's doon there.
We've bin diggin fur hoors
an aw we've fund is hunners ae worms.
Onywey, it wid be gey hoat
an this grund's no even warum.
Ah think whit'll happen is
a volcano'll erupt.
An your faither wullnae like that,
aw that lavi n'stuff
aw ower his gairidge.
An we cannae be naewhaur near it
cause we wid hear it.
Aye, we wid.
They've goat trains an caurs
an aireyplanes ower there an aw.
This is nae guid.
An even if we git there
we'll be the wrang wey up.
Ah'm gaun tae stoap,
ma back's gittin sair.
Ye dinnae even ken if it's here.
It micht be ower there.
We could be diggin in the wrang bit.
Weel, ah'm no diggin ony mair
an ah dinnae care whit your teechur said,
ah think they've shifted it.

Janet Paisley

Scotland

Is Scotland Aiberdeen an twaal mile roon?
  Scotland is mair nor that – a hantle mair.
It's muckle hills, their riggins roch and bare,
  Lang-storied cities, mony a burgh toon,
Steen castles at were eence the nation's croon,
  Seas tae the wast, wi islands here or there,
Rivers, wids, fairms, clean in the caller air,
  Mines, harbours, airports – croodin sicht an soon.
But aye there's mair. There's wirsels, the Scots:
  Heilan an Lowlan, here an hyne ootbye.
In aa the warl we've aye been seekin space
  To bigg wir hooses, howk wir parks an plots.
Scotland's a thocht, a state o mind. Aawye
Scotland's far we are. Scotland's ony place.

George Ritchie

Captain Puggle

Captain Puggle flees his plane
Frae Tumshie Airport tae Bahrain
Gets the Smiths and their wee wean
Brings them aw back hame again.

Captain Puggle flees tae Barra
Skites aff like a shootin arra

But he'll soon be back the morra
Pechin like a puggled sparra.

Captain Puggle's oot o ile
Efter ainly twinty mile
Sae he has tae bide a while
In a field ootside Carlisle.

Captain Puggle jets tae Crete
Wi his neebor, Bowfer Pete
In the cockpit, Bowfer's feet
Aye mak Captain Puggle greet.

Captain Puggle's sellt his plane
Says he'll never flee again
But next week he's aff tae Spain
In his brand-new Buhlitt Train.

Matthew Fitt

Perth Scores

The wee toun O' Perth
And the toun O' Dundee
Both share the Tay River
As it flows to the sea.

But the toun O' Perth differs
And here's where we swank

For oor toun is built
Upon either bank.

We can cross o'er the river
Just oan oor twa feet
Because we've a bridge
At the end O' each street.

A. A. Smith

The Tay at Perth

A see the river twal fit doon
frae levels yesterday
an rinnin smooth an placid-like
wi a certain majesty.
It commands respect aa time o year!
Treat it lichtly an ye'll ken
despite its smooth, weel-tempered sheen
it's traivelled far frae mountain glen
an has the wecht o a weel-iled piece
gaun lichtly as it gangs
wi a presence an a pooer restrained –
ye can sense it maks demands!
An fine a ken wi muckle dread
these pucklie days gone by
while surgin doon through oor douce wee toun
it caresna if ye live or die!

Andrew A. Duncan

Sennachie

People, Places

My grannie says her grannie
Kent monie a tale and rhyme
That noo my grannie tells
To me at my bedtime.

J. K. Annand

Cat Food Rap

Well the moggy strolled in wi somehn clamped in its
  jaws.
It laid doon its present, an it waited for applause.
But the cratur wisni deid, and it struggled tae its feet,
an A wis fair amazed when it stertit ti speak:

'Hiya, A'm a fairy, look, here's ma pointy hat,
an A'd like ti show A'm grateful that ye saved me fae
  the cat,
well A widni tell a lee, an A'm no on the fiddle,
A'll gie ye a reward if ye can guess ma riddle.

'Can ye show me the ram, that disnae hiv a fleece?
Can ye show me chips, that were never fried in grease?
Tell me where are the windaes nae sun shines through?
And where is the moose, that never ever grew?'

Well A gave the fairy answers, cos A wanted her prize.
Tellt her, 'Chips urni greasy till ye turn them inti fries.
A ram has nae fleece once the shepherd's yased his cutter,
and nae sun comes in the windae if ye jist close the
    shutter.

'And when two wee mooses really love yin anither,
Well their wean is jist an egg till it grows in its mither.
So there ye hiv yer answers, and A think it a' fits
so jist gie me ma reward, an that's us quits.'

Well the fairy says, 'Son, nae reward for you the night,
ye think ye're awfy clever, but yer answer isni right.
The answer's a computer, whit d'ye say ti that?'
Well, A lifted up the fairy, an A fed her tae the cat.

Anne Armstrong

Get Up and Bar the Door

And the barrin o the door, weel weel weel.
And the barrin o the door – weel.

It fell aboot the Martinmas time
    And a gay time it was then,
When oor guidwife got puddins to mak
    And she's boiled them in the pan.

The wind sae cauld blew sooth and north,
    And blew intae the flair;
Quoth oor guidman tae oor guidwife,
    "Get up and bar the door."

"My hand is in my hussifskep,
    Guidman, as ye may see;
And it shouldna be barred this hunner year,
    It's no be barred for me."

They made a paction tween them twa,
    They made it firm and sure,
That the first word whae'er should speak,
    Should rise and bar the door.

Then by there cam twa gentlemen,
    At twelve o'clock at nicht,
And they could neither see hoose nor ha
    Nor coal nor candle-licht.

Noo whether is this a rich man's hoose,
    Or whether is it a puir?
But never a word wad ane o them speak,
    For the barrin o the door.

And first they ate the white puddins
    And syne they ate the black;
Tho muckle thocht the guidwife tae hersel
    Yet nivver a word she spak.

Then said the tain untae the ither,
    "Here, man, tak ye my knife;
Dae ye tak aff the auld man's beard,
    An I'll kiss the guidwife."

"But there's nae waater in the hoose,
    And whit shall we dae then?"
"What ails ye at the puddin-bree,
    That boils intae the pan?"

Then up an sterted oor guidman,
    An angry man was he:
"Will ye kiss my wife afore my een
    and scaud me wi puddin-bree?"

O up then sterted oor guidwife,
    Geid three skips on the flair:
"Guidman, ye've spoken the foremaist word!
    Get up and bar the door."

Ballad

Jesus Calms the Storm

The bleed-ree sun was sinkin
Owre the mountains to the West,
In the quaet o' the evenin,
As the Lord sat doon to rest.

He was sittin by the watter
Underneath a muckle tree,
Whar he'd taught the crowds since mornin,
On the shores o' Galilee.

He spoke to his disciples
As the evenin shadows fell:
"Gang an mak the boatie ready;
It's a gran nicht for a sail.

"If ye tak me to Gadara
We could fairly save some time;
I've to preach owre there the morn
An the change would suit me fine;

"For my feet are sair wi walkin
An the road's gey lang an roch.
I can maybe get a nap in
As we sail across the loch."

They cast the ropes an hysed the sail;
The sail began to draw.
The early stars were shinin pale
As the boatie bore awa.

When they were only half across
The sky grew overcast;
A sudden squall came shriekin doon;
They felt its icy blast.

The boatie shuddered in the gust;
She heeled an dipped her rail.
"*Stand by!*" shouts Peter. "*Ease your sheets;*
We'll hae to dowse that sail."

It was bla'n a livin tempest
By the time they got it in.
"*Get your oars oot!*" shouted Peter.
"*Keep her heid up to the win.*"

Syne a muckle lump o' watter
Came aboord the weather rail.
The disciples started bailin,
But their herts began to quail;

For the seas rose up like mountains
As the boatie dived an tossed,
An the win shrieked in the riggin,
An they thocht they'd aa be lost.

Jesus sleepit throwe the turmoil,
In the stern sheets whar he lay
Wi his heid upon a cushion,
For he'd haen a tirin day.

"O Maister, Maister, *wauken up!*
The boatie could gang doon;
She's ta'en an afa watter;
Muckle mair an we'll aa droon."

Then Jesus stood up in the stern;
The win blew loud an shrill.
He raised his haun an, lookin up,
Commanded, "Peace! Be still!"

The ragin seas abated;
The howlin win fell still;
The crescent moon was risin
Abeen the distant hills.

He spoke to his disciples
As the watters settled doon:
"What wye were ye sae feart?" he said.
"Did ye think I'd let ye droon?"

Half in fear an half in wonder
They speired, "Wha can this be
That commands the winds an watters
An can tame the ragin sea?"

Robert Stephen

The Wife of Usher's Well

There lived a wife at Usher's Well,
    And a wealthy wife was she;
She had three stout and stalwart sons,
    And sent them ower the sea.

They hadna been a week from her,
　　A week but barely ane,
Whan word cam to the carline wife
　　That her three sons were gane.

They hadna been a week from her,
　　A week but barely three,
Whan word cam to the carline wife
　　That her sons she'd never see.

"I wish the wind may never cease,
　　Nor fashes in the flood,
Till my three sons come hame to me,
　　In earthly flesh and blood!"

It fell about the Martinmass,
　　When nights were lang and mirk,
The carline wife's three sons cam hame,
　　And their hats were o the birk.

It neither grew in syke nor ditch,
　　Nor yet in ony sheugh;
But at the gates o Paradise,
　　That birk grew fair eneuch.

"Blow up the fire, my maidens!
　　Bring water from the well!
For a' my house shall feast this night,
　　Since my three sons are well."

And she has made to them a bed,
  She's made it large and wide,
And she's taen her mantle her about,
  Sat down at the bedside.

Up then crew the red, red cock,
  And up and crew the gray;
The eldest to the youngest said,
  "'Tis time we were away."

The cock he hadna craw'd but aince,
  And clapped his wings at a',
When the youngest to the eldest said,
  "Brother, we must awa.

"The cock doth craw, the day doth daw,
  The channerin worm doth chide;
Gin we be mist oot o our place,
  A sair pain we maun bide.

"Fair ye weel, my mother dear!
  Fareweel to barn and byre!
And fare ye weel, the bonnie lass
  That kindles my mother's fire!"

Ballad

Wir Leid

Sam but different

Ha'in, fae da start, mair as ee wye o spaekin,
o makkin sense o things, we learn ta fit
whit we say ta whit's lippened. Takk pity apö dem
at's born ta wan tongue: dem at nivver preeve
maet fae idder tables. Raised wi twa languages
is unconscious faestin: twa wyes o tinkin.
Een extends da tidder; can shaa wis anidder wirld
yet foo aa wirlds is jöst da sam, but different.

Christine De Luca

Sam: same
mair is: more than
lippened: expected
dem at: those who are
maet: food

da: the
ee: one
apö: on
preeve: taste a morsel
idder: other

Guttersnipe

Richt ready wi her hands wis my mither,
nae doot because my faither
wis maistly hine frae hame, and me a scamp,
Ae day, lat loose tae play,
I ventured ootby the cassied close
(bairnie-safe, near-at-hand)
tae fa in wi a brent-new freen
wi torn breeks and a clarty face.

He learnt me some braw new wirds
that dirlt and hottered in his mou
and mine. They sounded fine.
So baith thegither we tried them oot
and leuched and keckled doon the wynd.
Blythfu I shared them wi my mither,
expeckin a leuch or a hug,
but wis handed oot a weel-skelpt lug.

'Such expressions nice boys never utter.
They belong,' quo mither, 'in the gutter.'

Ken Morrice

Street Talk

There was a rammie in the street,
A stishie and stramash.
The crabbit wifie up the stair
Pit up her winda sash.

'Nou what's adae?' the wifie cried,
'Juist tell me what's adae.'
A day is twinty-fower hours, missis,
Nou gie us peace tae play.

'Juist tell me what's ado,' she cried,
'And nane o yer gab,' cried she.
D'ye no ken a doo's a pigeon, missis?
Nou haud yer wheesht a wee.

'I want tae ken what's up,' she cried,
'And nae mair o yer cheek, ye loun.'
It's only yer winda that's up, missus.
For guidsake pit it doun.

J. K. Annand

The Spik o' the Lan

The clash o' the kintra claik
Rins aff ma lug, as rain
Teems ower the glaisy gape
O' the windae pane.

The chap o' the preacher's wird,
Be it wise as Solomon,
It fooners on iron yird
Brakks, upon barren grun.

Bit the lowe o' a beast new born,
The grieve at his wirk,
The blyter o' brierin corn,
The bicker o' birk,
The haly hush o' the hill:
Things kent, an at haun
I'd harken tae that wi' a will.
The Spik o' the lan!

Sheena Blackhall

Shetlandic

Sometimes I tink whin da Loard med da aert,
An He got it aa pitten tagidder,
Fan He still hed a nev-foo a clippins left ower,
Trimmed aff o dis place or da tidder,
An He hedna da hert ta baal dem awa,
For dey lookit dat boannie an rare,
Sae He fashioned da Isles fae da ends o da aert,
An med aa-body fin at hame dere.

Dey' lichted fae aa wye, some jöst for a start,
While some bed ta dell rigs an saa coarn,
An wi sicca gret gadderie a fok fae aa ower,
An entirely new language wis boarn.
A language o wirds aften hard tae translate,
At we manna belittle or bö,
For every country is prood o da wye at hit spaeks,
An sae we sood be prood a wirs tö.

Rhoda Bulter

Listen tae the Teacher

He's five year auld, he's aff tae school,
Fairmer's bairn wi a pencil an a rule,
His teacher scoffs when he says "Hoose",
"The word is 'House', you silly little goose."

He tells his Ma when he gets back
He saw a "mouse" in an auld cairt track.
His faither lauchs fae the stack-yaird dyke,
"Yon's a 'Moose', ye daft wee tyke."

Listen tae the teacher, dinna say dinna,
Listen tae the teacher, dinna say hoose,
Listen tae the teacher, ye canna say munna,
Listen tae the teacher, ye munna say moose.

He bit his lip and shut his mooth,
Which wan could he trust for truth?
He took his burden ower the hill
Tae auld grey Geordie o the mill.
    An did they mock thee for thy tongue,
    Wi them sae auld and thoo sae young?
    They werena makkin a fuil o thee,
    Makkin a fuil o themsels, ye see.

Listen tae the teacher ....

Say "Hoose" tae the faither, "House" tae the teacher,
"Moose" tae the fairmer, "Mouse" tae the preacher,
When ye're young it's weel for you
Tae dae in Rome as Romans do,
    But when you growe and ye are auld
    Ye needna dae as ye are tauld,
    Nor trim yer tongue tae please yon dame
    Scorns the language o her hame.

Listen tae the teacher ....

Then teacher thought that he wis fine,
He kept in step, he stayed in line,
And faither said that he wis gran,
Spak his ain tongue like a man.
   And when he grew and made his choice
   He chose his Scots, his native voice.
   And I charge ye tae dae likewise
   An spurn yon poor misguided cries.

Listen tae the teacher ....
Nancy Nicolson

from Auld Mither Scotlan'

Na, na, I wunna pairt wi' that,
I downa gi'e it up;
O' Scotland's hamely mither tongue
I canna quat the grup.
It's bedded in my very heart,
Ye needna rive an' rug;
It's in my e'e an' on my tongue,
An' singin' in my lug.
Janet Hamilton

Glossary

ablow: below
abune: above
afa: awful
aiblins: perhaps
airn: iron
airt: way
ana: and all
aquant: acquainted with
Auld Reekie: Edinburgh
ayont: beyond

bags: bagpipes
baith: both
barefit: barefoot
baudrons: pussie
begood: begun
bell: bald
belted loon: belted boy
ben: in, hill
bend: spring, leap
benmaist: next to the inner part of the house
bent: open ground covered in coarse grass
besom: brush
bewtie: beauty
bield: shelter
bigg, biggit: build, built
billies: friends
birk: birch
birls: whirls round
blabs: drops of water
blae: livid, bluish

blate: timid
blaw: blow
bled: leaf
blether: bladder (of the bagpipes), gossip
bo'ed: bowed
boontree: elder tree
bosie: bosom
bouks: retches
bow-houghed: bandy
braak: break
brae: hillside
brander: grill
braw: handsome
brawer: finer
breeks: trousers
brent-new freen: quickly-made friend
brose: oatmeal mixed with boiling water, milk and butter
bubblyjock: turkey-cock
bull: bull terrier
bunemost: uppermost
burly: strong

callant: lad
cantie: lively
carle doddies: scabious, clover
carline: old woman
cassied: paved area
cater-cousins: kinsfolk in a quarrelsome family
cauld: cold
channerin: scolding, fretful
chanter: the pipe on which the melody is played
chiel: lad
chiels: fellows, people
chorkin': squelching
chouks: cheek, jaws
claik: idle chatter
clarty: besmeared
clash: gossip
claucht: seized
cleedin: clothing
cleuch: a ravine, a deep wooded valley
clishmaclaver: idle chatter
clod: sod
cockieleeries: cocks
coft: bought, purchased
coostin up his croun: throwing up his head
cowes: outdoes
crack: gossip, talk
craig: throat
cranreuch: frost
crater: creature
creel: basket used for carrying fish
croodin: crowding
crouse: cheerful, or spirited

cuddy: donkey

daberlack: seaweed
dackered: searched
dargie: busy
deave: deafen
deen: done
dicht: wipe
din: dark-skinned
doo: dove
doukin: bathing
dour: stubborn
downa: don't
draigled: bedraggled
dree: endure
drone: bass pipe of a bagpipe
droukit: soaked, drenched
dub: puddle
duddy: ragged clothes
duds: clothes
dug, doug: dog
dune: done, old

een: eyes
efter-hand: years later
eneuch, enoo: enough
Enster Fair: Anstruther Fair

fair: absolutely
family: family
fan: when
fash: bother with
fashed: troubled